Helen Friedenstab

Neid, wie lerne ich dich schätzen

Helen Friedenstab

Neid, wie lerne ich dich schätzen

Lyrische Gespräche mit Gefühlen

© 2024 Helen Friedenstab
Verlag: BoD · Books on Demand GmbH,
In de Tarpen 42, 22848 Norderstedt
Druck: Libri Plureos GmbH, Friedensallee 273,
22763 Hamburg
ISBN: 978-3-7693-1855-5

Bei Fragen oder Interesse an neu entstehenden Texten schreiben Sie mir gerne: h.friedenstab@posteo.de

Inhaltsverzeichnis

*Die folgenden Texte sind lebendige Worte und müssten
am besten gehört/erlebt werden. Sie entspringen einem
der Gegenwart gehörendem individuellem Hinspüren
und sind daher „Momentaufnahmen" aus einem weiter
Wachsenden.*

Aus der Dunkelheit das Wort wagen

In abgeschiedener Tiefe das Hinschauen wagen.
Aus hüllender, doch auch erdrückender Dunkelheit, erklingen erste
ungeschliffene Worte.

Oh Neid,
wie du mich fern hältst von den anderen.
Wie du mich verzehrst. Zerfrisst.
Mein! Es sollte mein sein!!
Ich will ihre glücklichen Gesichter nicht sehen,
wenn ich innerlich doch in Scherben zerbreche!
Ich will ihre Talente nicht sehen müssen,
spüre ich doch nur meine Unzulänglichkeit.
Fort ihr, mit euren tollen Erfolgen und Beziehungen!
Fort!
Ich will euch nicht sehen!!

Ich will es nicht spüren.
Meine Sehnsucht nach all dem,
was mir unerreichbar scheint.

Hh! Selbstverachtung.
Wie glorreich du doch bist.
Du machst mich „bescheiden".
Mich zum tragischen Helden.
Ich mache mich nieder. Was kann man noch mehr von
mir erwarten?
Wie sollen mich andere kritisieren? Ich komme ihnen
zuvor.
Ich unterbiete sie.
Nichts bin ich.
Und schlimmer.
Ein Dreck!
Ein Abschaum!
Nichts kann man von mir erwarten.
Nichts muss ich von mir erwarten.
Nichts.

Oh Hochmut.

Endlich. Endlich hebst du mich empor.

Hoch aus dem Schlamm. Hoch aus dem Gesinde.

Ich. Mmh. Ich!

Endlich. Nur ich.

So schön. So klug.

Ich.

Mein ist die Welt.

Auf mich gerichtet.

Nur für mich.

Ich habe die schönste Gestalt, das größte Herz, den alleinigen Durchblick!

Ich erkenne, was wahr ist!!

Ich muss mir euer Gefasel nicht anhören!

Ich bin nicht angewiesen auf eure Anerkennung!

Nicht … angewiesen …

Mhmm. Hass.
Hhhhh …
Wie schön.
Endlich ist mein Schmerz nicht allein.
Endlich weiß ich, wer Schuld ist.
Hass. Mhmm. Tust du gut.
Schmerz geh raus aus mir.
Bohre dich auf *sie*.
Ja. Sie sollen leiden.
Für ihre Blindheit.
Leidet …
Ich wünsche es euch zutiefst.
Wie ich euch hasse!
Ja, Schmerz. Bohre dich auf sie.

In zunehmendem Lichte des Betrachtens

Ach mein Perfektionismus.
Hhhh …
Ich hasse dich.
Du stehst mir ständig im Weg.
Nichts kann ich ungehemmt tun.
Fort!

Fort? Warte … Nein!
Dann wird es falsch! Oder hässlich! Dann lachen mich
alle aus.
Dann befinden mich alle höchstens für mittelmäßig …

Geh nicht! Oh mein Perfektionismus! Ich brauche dich
doch.
Kann ich doch noch gar nicht damit umgehen,
nicht perfekt zu sein.

Oh Hoffnung!
Wie fürchte ich mich vor dir!
Wie hell und zart bist du.
Du bist mir wie ein Schwert mit zwei Spitzen.
Die eine ragt in die Welt. Sie schafft mir Raum, sie
kämpft für mich.
Doch die andere Spitze liegt auf meinem Herzen. Jeder
Rückstoß im Kampf bohrt sich direkt in meine Brust.
Oh, wie soll ich dich nicht lieben und fürchten zugleich,
oh wundersame Klinge.

Ich hab es satt, dass alles an mir hängt.
Es zieht mich runter.
Ich will es abschütteln, aber das scheint mir unmoralisch.

Ich möchte diese Alt-Last nicht!
Auch nicht die gegenwärtige, die von Außen auf mich
einströmt. Und nicht die zukünftige.

Mal nur meine eigenen Lasten spüren.
Unvermischt.

Aber gibt es das überhaupt?
Oder sind wir vielmehr ein Netz. Jedes Gewicht im Netz
muss ich mittragen.
Aber ganz so kann es doch nicht sein! Ich muss dem
doch nicht ausgeliefert sein!?
Muss meine Grenzen eben enger ziehen.
Aber ist das dann wieder unmoralisch? Nicht alle
Außen-Last mittragen zu wollen?

Individuum werden

Dieses große Ziel: In meine innere Kraft kommen; ganz
Ich werden; mein inneres Licht leuchten lassen.

Wie soll es mein Ziel sein?
Stehe ich dann nicht da, auf offener Fläche;
wie ein Leuchtturm, für alle sichtbar?
Mit einer riesigen Angriffsfläche?
Sodass mir Wertug entgegenschlägt.
Sich jemand gestört fühlt an meinem Licht. An meiner
Farbe. An meinem Raum, den ich einnehme.
Hoch und schlank steht da mein Turm mit meinem
innersten Licht und alle Schläge treffen mich auf voller
Länge. Wehrlos wie ich da stehe. Ein Leuchtturm; keine
Burgfeste.

Warum also ein Leuchtturm sein wollen? Oder sei es
auch nur eine Kerze. Warum so sichtbar, so angreifbar
werden? Warum sich ausformen und dann ständig
irgendwo anecken?!

Warum innere Wünsche zulassen, wenn sie doch nicht
real werden können?!
Warum mich und meine Bedürfnisse zulassen, wenn
dafür doch kein Platz ist?!

Ich habe es Leid mit meinen individuellen
Ausformungen irgendwo anzuecken. Je mehr sie
meinem innersten Wesen entsprechen, desto tiefer der
Schmerz des Zusammenstoßes. Ich will keinen Schmerz
mehr.

Doch leider besitzt mein innerstes Wesen eine
individuelle Kraft; ein individuelles Licht;
das ich oft lieber verdrängen würde, in die sicheren
Tiefen einer Burgfeste.

Doch ich glaube, es kommt eine Zeit,
und sie ist schon angebrochen,
da wird das Land voller schönster skurriler Leuchttürme
sein.
Und sie dürfen verschiedenste Farben und Formen
haben.
Und wir werden uns gegenseitig leuchten.

Oh Traurigkeit,
du dämpfst mir die Welt.
Eine schwere Decke bist du.
Irgendwie weich. Irgendwie erdrückend.
Nah an mir.
Aber die Welt machst du mir fern.
Auf eine Art bin nur noch ich da. In meiner Traurigkeit.
Wie durch ein Fenster nehme ich die Welt wahr.
Gehe durch den Tag, mache weiter,
doch eigentlich … sitze ich in meiner Hülle.
Die etwas geborgenes bringt. Und doch nicht.
Die schirmt, vorm Schmerz. Und doch nicht.
Weil sie den Schmerz mit hineinholt, damit ich ihm nicht
ausweiche. Ihn ansehe. Fühle.

Oh, hab doch Erbarmen, Welt.
Warum soll ich fühlen müssen?
Lass mir nur die Liebe zum Fühlen,
aber ohne Möglichkeit für den Schmerz.

Doch ist es in dieser Einschränkung dann noch ganz die
Liebe?

Nein. Wenn ich gar keinen Schmerz will, muss ich auch
die Liebe lassen …

Niemals.
Dann …

Ach, Traurigkeit.
Du bist so niederdrückend, wie soll ich dich in einer Art
nützlich finden?

Doch vielleicht ist „nützlich" nicht das richtige Wort. Ja,
die Frage schon so in eine Richtig blickend, dass ich die
Antwort, die in andrer Richtung liegt, übersehe.
Vielleicht lädst du mich ein, mal nicht „nützlich" sein zu
müssen.
Und doch in meinem Trauern,
Bewegen, Umwälzen, Heilen
den Sinn zu spüren.
Vielleicht auch erst später.
Ach Traurigkeit,
ich beginne zu ahnen, was für einen Raum, in dieser
stets weitergehenden Welt, du für mich hältst.

Entscheidung.
Wie kann ich es wagen, dich zu fällen?
Kann ich wirklich wissen, was ich da tue? Was ich tun
sollte?
Was das Richtige ist?

Wie soll ich etwas entscheiden, ohne dass mir die Folgen
für mich oder meine Mitmenschen wirklich bewusst
sind?

Aber … Ich werde es *nie* wirklich wissen!
Es ist zum verzweifeln! Ich werde in ein Geflecht von
Leben gestellt und jede meiner noch so bedachten oder
unbedachten Handlungen hat ungeahnte
Konsequenzen!
Wie soll ich da entschlossen Dinge angehen? Darf ich
das überhaupt? Wäre es nicht völlige Selbstüberhebung?

Aargh!
So … viel … Verantwortung.

Aber … ist sie eigentlich meine?
Ist es meine Verantwortung, diesen großen
allumfassenden Blick zu haben?

Hh! Ist es nicht! Ich bin nicht der, der alles im Blick hat.
Weder haben kann, noch muss. Ich bin es nicht.

Aber glaube ich an etwas Höheres?
Etwas, das das im Blick hat, was meinem Horizont
verborgen ist?
Und dass es mich und die anderen auf unergründliche
Weise führt; nach höheren, weiseren Weltenwegen, als
sie mir gerade ergründlich sein können?

Und ist die Antwort
„Ja, ich glaube",
darf ich da nicht Vertrauen haben?
Vertrauen, dass, wenn ich meine Entscheidungen nach
meinem kleinen und fehlerhaften besten Wissen und
Gewissen fälle,
ich trotzdem beim Guten und Höchsten ankommen
werde?

Verzweiflung, …

Warum bist du da?
Dunkel machst du alles. Und schmerzvoll.
Schwer machst du mir das Leben.
Wozu?
Wie soll ich bei dir einen Sinn sehen?
Verzweiflung! Bist du nicht ein inneres Zerfressen,
so nah an der Grenze zum Tod?
Du machst mich nicht achtsamer, wie die Angst es kann.
Und über die Rolle des Anzeigers wie Wut oder Frust
schießt du völlig hinaus.
Du machst mich wahnsinnig! Und ziehst mir die Kraft!
Verzweiflung.
Wieso?

Lausche ich in mich, stoße ich in den Tiefen auf eine
Antwort, die von einem tiefen Seufzen begleitet wird.
Da ist ein Sinn, wohl tiefgreifender und mysteriöser als
bei anderen Gefühlen.
Tief ins ganze Menschsein und der Essenz des irdischen
Lebens verwurzelt.
Oh Schmerz; Oh Dunkelheit; Oh Verzweiflung;
meine Schritte der Reifung,
sind sie nicht durch euch?

Dunkelheit, tiefe Blicke in das Sein, das Leben, gewährst
du mir.

Die Chance für tiefgreifendes Lernen erlegst du mir auf.
Vielleicht das tiefste Lernen überhaupt.
Wesen werde ich.

Verzweiflung, Schmerz, Dunkelheit,
in eurem Feuer brenne ich,
und gehe purer hervor.

Oh Dunkelheit, nur durch dich lerne ich, was Licht ist.
Du zeigst mir den Weg.

Oh Neid,
wie lerne ich dich schätzen.
Ja, du schmerzt, wenn du erscheinst,
aber ich werde auch wach und frage mich gleich: Warum
bist du gerade da?
Welches Bedürfnis, welcher Wunsch in mir, möchte
gesehen werden?
Was ist es, was ich ohne dich nicht bemerkt hätte?
Und geduldig, beständig kommst du wieder. Wenn ich
nichts ändere.
Oder bis mir klar wird, dass ich einem Schein
hinterherrenne.
Oh Neid,
ich danke dir.
Ich hoffe,
eines Tages werden wir uns weniger sehen.
Und ich werde an dich denken,
wie an einen alten Freund.

Oh Neid, Oh Hochmut, Hass, Verzweiflung,
ihr seid mir näher geworden.
Oh Dunkelheit,
ich kann dich ansehen.
Und wenn ich dich sehen kann,
ist da nicht auch
Licht?

Ehrlichkeit.

So schön und klar klingst du mir als Wort.
Dass du tugendhaft und anstrebenswert bist, wurde mir
schon immer vermittelt.
„Nicht lügen. Ehrlich sein."

Doch mittlerweile weiß ich nicht, was ich mit dir
anfangen soll.
Direkte Lügen sind gesellschaftlich „falsch";
Verschleierungen und Verschweigungen aber unter der
Hand sehr willkommen.
Ehrlichkeit, du sollst, wie mir vermittelt wird, eine
Grundlage der Kommunikation sein.
Aber bringst du Leute in Verlegenheit, bist unbequem
oder wirkst gar angreifend,
ist deine anerkannte Tugendhaftigkeit schon vorbei.
Ja, als unhöflich wirst du sogar empfunden.
Die Gesprächssitten darfst du nicht überschreiten.
Aber was ist eine begrenzte, eine zensierte Ehrlichkeit?
Ist es dann noch Ehrlichkeit?

Warum scheint es so ungewohnt, dass dich jemand
wirklich ausspricht?
Sagt jemand: „Mal ganz ehrlich gesagt ..." – steigt da
nicht schon die Anspannung im Raum?
Ein Kribbeln … Eine Neugier – Jemand spricht seine
ehrliche Meinung aus. Ein Ereignis unter vielen Worten.

Eine Angst – Werde ich kritisiert werden? Jemand
anderes? Wird es Verletzungen, ja vielleicht Streit geben?

Ehrlichkeit. Du bringst etwas „Bloßes" mit. Lässt die
ganzen Verschleierungen fallen.
Und bringst etwas „Bloßstellendes".
Für den gefährlich, der manches lieber unter dicken
Stoffen kaschiert. Für andere eine Sehnsucht, die nicht
mehr über die Vorzeige-Hüllen, sondern das nackte
Seiende reden wollen.

Ehrlichkeit!
Wie soll ich dich gebrauchen?
Tugendhaft und in guter Kommunikation will ich doch
sein!
Mit *all* den Menschen, wie sie gerade da sind.
Wie soll ich dich wagen?
Sehne ich mich doch so nach dir.
Und liegt es nicht in der Luft? –
Der Impuls
für *Dein* Zeitalter?

Ach. Mein Perfektionismus.
Ich merke, du hast noch eine andere Seite für mich.
Zu akzeptieren, dass ich nicht perfekt bin und andere
meine Fehler sehen könnten,
daran kann ich arbeiten. Daran will ich arbeiten.
Aber …

Dieser hohe Anspruch an mich, keine Fehler zu machen
– Geht es da nicht auch um mehr als nur mich?
Ich möchte nicht schaden!
Nicht verletzen!
Nicht weiter zerstören.
Das gibt es schon genug.

Ich würde es *so gerne* richtig machen!
Heilsam. Schön.
Ja, perfekt.
Für mich und andere.

Wie schön wäre das mal …

Inneres Loch.

Leere.

Aber keine ruhige, keine unbewegte.
Ein schwarzes Loch bist du.
Alles ziehst du gierig in dich hinein
und nie scheinst du gesättigt.
Leere. Ein Fass ohne Boden.
Denn Boden ist das, was mir fehlt.
Der Grund, auf dem ich sicher stehen kann
trotz jedes Sturmes.

Kein Boden.

Nur ein schreiendes, verzweifelt-gieriges Loch,
das versucht alles in sich reinzustopfen.
Sich mit irgendwas zu füllen.
Essen, Reize, Aufmerksamkeit … – Für kurz kommt ein
leichtes, oberflächliches Gefühl des
Gefüllt-werdens,
oh wunderbares und doch hohles Gefühl,
doch dann mit quälendem Entgleiten,
verschwindet es im Nichts
und das schmerzende Loch in mir schreit umso lauter.

Einsamkeit.

Bitte geh.
Es schmerzt so sehr!
Von ganz tief innen.
Einsamkeit.
Wie das schmerzende Loch in mir fühlst du dich an.
Aber diffuser und breiter. Deine Kanten sind nicht so
scharf. Und doch so schmerzvoll.

Doch alleine bin ich nicht. Im Gegenteil: Viele Menschen
sind um mich.
Bei mir ist es nicht die Begegnung, die Gemeinschaft, die
dich auflöst. Echte, schöne Begegnungen habe ich. Sie
drängen dich zeitweise nach hinten.
Aber du bist nicht weg.

Es klingt paradox:
In meiner Zeit im Kloster war ich oft allein. Viel in Stille.
Weniger Gespräche.
Aber irgendwie ruhte ich mehr in mir.
In Gott.
Stille, und lange Zeiten ohne Ablenkung, konnten mir
nicht viel anhaben. Im Gegenteil. Ich erfreute mich an
ihrem Potenzial von Tiefe. Von Wahrhaftigkeit. Von
Nähe.

Nun habe ich Begegnungen und Gespräche jeden Tag.

Tolle Begegnungen. Bereichernd und inspirierend.
Doch sind sie weg, stehe ich leer da.
Verzweifelt greife ich wieder nach Begegnung, doch
sobald ich für mich bin, oder auch nur im Raum nicht
besonders beachtet, überkommt mich die Einsamkeit.

Warum?
Wenn mir nicht die Begegnung nach Außen fehlt, was
fehlt mir dann?
Die Begegnung nach Innen …?
Kontakt zu mir …
Und dem in mir, in dem wieder alles enthalten ist.

Kontakt mit mir.
Den muss ich erstmal wieder aufbauen.
Den Raum und die Zeit mir aktiv dafür nehmen …
Und die Einsamkeit solange tragen können.
Und nicht mit äußeren Reizen und Begegnungen schnell
abschwächen.
Sonst wirst du direkt darauf verstärkt wiederkommen.

Kontakt zu mir.

Ach Einsamkeit. Tut mir leid für das Missverstehen.
Danke für den Hinweis.

Dieses Gefühl …

Ich weiß noch nicht, wie ich dich nennen soll.
Verwandt mit Schwere bist du. Und mit
Hoffnungslosigkeit.
Vielleicht mit Frust und Wut. Mit Angst und …
doch auch wieder viel mit Hoffnung.
Und mit Sehnsucht.

Mit der Welt hast du zu tun.
Ja. Mit der Welt.
Einer Entwicklung. Einem Prozess.
Dieses Gefühl …
Ich kenne dich schon lange.
Und doch bist du jeden Tag etwas anders.

In mir bist du. Aber auch woanders. In der Luft
schwebst du.
An einigen Orten treffe ich dich öfters.
Dann weiß ich, dass hier etwas ähnlich empfunden wird.
Mit einer ähnlichen Wahrnehmung an etwas gearbeitet
wird.
Ja, mit Wandlung hast du zu tun.
Und der Schwere, der Zähigkeit, mit der die Wandlung
oft in dicken Schichten umkleidet ist.

Daher der Frust. Die Schwere.

Daher aber auch die Hoffnung.
Und … ja, auch Ungeduld. Aber diese in einer wichtigen
Art und Weise.
Meine Ungeduld, mein Sehnen, mein drängendes
Hoffen,
sie ziehen das Neue wie mit einem ununterbrochenen
Band näher.
Nur mein inneres Nicht-Füllen mit dem Alten
und Aushalten des leeren Raumes, des Nichts,
ermöglicht erst, dass das Neue einziehen kann.

Diese besondere Kraft darin …
Du.
Du bist es: Dieses Gefühl voll Frust und Sehnsucht. Voll
Schwere und Hoffnung.
Von dem verlorenen Boden und dem Potential für
Neues.

Es fällt mir schwer dich willkommen zu heißen.
Doch bitte:
Wachse!

Wut,
es sage mir keiner du wärst nicht berechtigt!
Ich habe es satt!
Diese wut-ängstliche Gesellschaft …!
Ja, wer aus dir heraus unüberlegt handelt, kann
Verheerendes bewirken. Aber nur weil man mit einem
Werkzeug auch etwas kaputt machen kann, ist das
Werkzeug noch lange nicht schlecht!
Bringt mir doch lieber bei, das Werkzeug richtig zu
gebrauchen, als es mir mit euren unterschwelligen
Aussagen und Ängsten zu verbieten!
Wo kommen wir denn da hin?!

Oder … wisst ihr es selber nicht?
Euch hat es auch keiner beigebracht?
Hh! Nur die allgemeine und schnelle Methode des
Wegdrängens und Runterschluckens wurde euch
gezeigt.
Und der Druck, der in euch entsteht, richtet dann an
anderen Stellen Schaden an. Wunderbar!
Und jetzt wird von mir das Gleiche verlangt?
Aber vielleicht kann ich nicht mehr verdrängen und
runterschlucken. Nicht nur, dass ich es nicht mehr will,
ich *kann* es wirklich nicht mehr. Vielleicht ist das
Zeitalter des innerlichen Wegsperrens vorbei.
Und davor fürchtet ihr euch. Und deswegen auch vor
mir.

Denn ihr habt Angst vor der Wut.

Und tief in euch … da ist sie noch.
Angestaut. Unsortiert. Überwältigend, würdet ihr sie
freilassen.
Und ja, Schaden würde das anrichten. Würden wir nicht
vorher lernen sie zu verstehen und gut zu gebrauchen.
Doch wie?
Wie können wir das lernen?
Scheint mir die Weisheit der Wut uns irgendwann
verlorengegangen zu sein.

Wut. Du reines Gefühl. Du starke Kraft.
Ich will hinspüren,
was du mir zeigen kannst.

Ohnmacht.
Wie ausgeliefert, wie hilflos fühle ich mich in dir.
Wie gewaltsam niedergezwängt in meiner
Schaffenskraft.
In einen unglaublichen, wie nicht auszuhaltenden
Zustand bringst du mich.

Aber Ohnmacht,
bist du eigentlich wahr?
Also als Gefühl sicherlich – ich spüre dich sehr real in
mir! - das meine ich nicht.
Ich meine: Ist jemand zu irgendeiner Zeit, alle
Situationen einbezogen, je wirklich ohnmächtig?

Spannend, das Wort für Bewusstlosigkeit ist auch
Ohnmacht. Ohnmächtig werden.
Vielleicht ist ab da auch erst wirkliche Ohnmacht. Ohne
Bewusstsein sein.
Aber in jeglicher Situation mit Bewusstsein
habe ich eine Macht;
eine Entscheidung; wir nennen es auch Freiheit.

Ich habe eine Macht.
Auch jetzt in meiner Ohnmachts-Situation.
Vielleicht nicht im Außen,
aber immer in meinem Innern.

Aber wirklich in meinem Innern?
Fühle ich mich nicht gerade deswegen *so* ohnmächtig?
Wenn mein Inneres schon als Kleinkind so geprägt, so
verdreht, so eingefärbt wurde, dass ich jetzt eben nicht
die Macht über mich habe?! Vielem so ausgeliefert bin.
Ohnmächtig.

Ohnmacht?
Aber ich kann dich betrachten.
Das ist meine Macht.
Noch nicht die Tat, sondern die Wahrnehmung.

Und was für eine Kraft liegt darin!
Ach meine Ohnmacht.
Vielleicht lehrst du mich, zuerst in die Wahrnehmung zu
gehen.
Und die Geduld zu haben, dabei eine Weile zu bleiben,
bis ich, mit neuer Weisheit,
in die Tat gehen kann.

*(Jede/r denke sich zum Nachfühlen des Textes, den eigenen
Namen als erstes Wort und sprechende wie angesprochene
Wesenheit)*

………,
ich will mit *Dir* sein! *Deine* Impulse, *Dein* Wesen leben!
Ich habe dieses Orientieren am Außen satt.
*Da dabei sein; mit jenem noch reden; dieses nicht
verpassen …*
*Ist das, was ich sage, für die anderen okay? Lehne ich mich zu
weit raus? Bin ich ein angenehmer Mensch?*
Allein mir diese Fragen vor Augen zu führen, löst gleich
so viel aus.
Nicht alles davon will ich.
Eigentlich so vieles davon nicht.
Aber bin ich dann unsozial, wenn ich es mir erlaube,
wirklich unabhängig von der Meinung anderer zu sein?

Ich weiß es nicht.
Sich zum Teil auch nach anderen zu richten, scheint mir
wichtig und grundlegend.
Aber wie weit darf das gehen? Ab wann wird es
ungesund?
Wie weit darf,
möchte,
sollte ich mich davon lösen?

36

Hoffnung?

Verzweifelt wende ich mich erneut an dich. Ich kann mit
dir nicht mehr umgehen.
Ich halte dich nicht aus.

Hoffnung, was unterscheidet dich von Erwartung?
Bei Erwartungen gehe ich doch bewusst oder unbewusst
von etwas aus, das dann eventuell gar nicht der Realität
entspricht. Und bin gegebenen Falls ent-täuscht.
Aber bei dir, Hoffnung? Auch du entsprichst oft nicht
der Realität. Wie nenne ich es, wenn mein Erhofftes nicht
eintritt?
Haben wir denn da kein anderes Wort als „ent-täuscht"?
Es ist doch etwas ganz anderes! Ich bin von nichts
ausgegangen; habe es nicht erwartet oder es für das
Wahrscheinlichste gehalten. Ich habe es gehofft.
Mir so sehr gewünscht.
Doch es ist nicht passiert.
Dieser Schmerz ist für mich größer als jede
Enttäuschung.

Und meine Erwartungen kann ich runterschrauben oder
gar ablegen. Gerade um nicht ent-täuscht zu werden.
Oder offen für andere Möglichkeiten zu bleiben.

Aber *Hoffnung*? Kann ich meine Hoffnung ablegen?

Kann ich mir innere Wünsche und Bedürfnisse
verbieten?
Was wenn das, was ich erhoffe, einfach nicht realistisch
ist? Und ich durchgehend „enttäuscht" werde?
Wird es da nicht ungesund, trotzdem so sehr zu hoffen?

Ach Hoffnung,
manchmal scheinst du mir völlig im Weg.
Und Situationen schwerer, komplizierter machend.
Ich verstehe gar nicht, warum du im Allgemeinen so als
positives, schönes Gefühl dastehst.
„Die letzte Hoffnung". Ja, vielleicht wenn alles, alles
wegfällt und nur noch die Hoffnung zurückbleibt.
Ja …, deine Beständigkeit … Deine Sturheit … Das
stimmt. Du lässt dich nicht nur von mir nicht bändigen,
sondern auch von Umständen nicht, teils von überhaupt
niemandem.

Doch auch du kannst verschwinden …
Oh, welch schauderndes Bild!
Keine Hoffnung …
Menschen ohne Hoffnung …
Nein. Das will ich auch nicht!
Ach Hoffnung, ich kann nicht mit dir und nicht ohne
dich sein.
Vielleicht, wenn du nur in *manche* Bereiche
eindringst …?

Aber …
Nehme ich zum Beispiel meine Hoffnung auf Frieden.
Die Hoffnung auf ein Miteinander in der Welt.
Ein ständiger Schmerzpunkt.
Oft wünschte ich, ich müsste diese „Enttäuschung" nicht
täglich fühlen.
Aber würde die Hoffnung auf Frieden mir fehlen …
Nein, das wäre furchtbar!
Brauche ich diese Hoffnung nicht, um das Ziel weiter zu
sehen; in mir zu spüren trotz völliger Dunkelheit?
Entgegen der Unwahrscheinlichkeit?
Hoffnung, du bist die Brücke!
Du erhältst das Bild von Licht in mir, auch wenn im
Außen kein Licht mehr zu finden sein sollte.
Du bist der Hinweis;
der Ankerpunkt.
Du verbindest Sehnsucht mit dem Zukünftigen.
Du erhältst in mir ein tiefes wichtiges Bild.

Ach …,
du liebe, schwere Hoffnung.

Mut,

oh starke Kraft.
Mut.
Wenn ich an dich denke, atme ich auf.
Ja, dich suche ich in der Gesellschaft.
Gerade zu diesen Zeiten.
Mut. Für Werte; für Neues; für Wahrheit; braucht man
Mut. Aber auch für Einfachheit, für das Zugeben, dass
man etwas nicht weiß, für das Loslassen und Raum
geben, braucht es Mut.

Doch Mut,
ich habe Angst vor dir
in meinem eigenen Handeln.
Deine Konsequenzen sind groß.

Mut?
Ich glaube, du bist eine Kraft, die nie allein handeln
sollte. Nicht wie die Liebe, die alles umfängt, sie kann
allein stehen. Aber du, Mut, du brauchst gute Motive.
Starke Werte hinter dir. Weisheit sogar. Sonst kannst
auch du Schaden anrichten.
Und du brauchst Wesen mit innerer Stärke.
Oder vielmehr der Verbundenheit zum Quell der
Lebenskraft. Ein Fundament auf dem du wirken kannst.

Sodass sich Großes aufbauen kann.

Und die Konsequenzen getragen werden können.

Oder ist es gerade mutig, Dinge zu sagen oder zu tun,
wo es wahnsinnig scheint, weil ich die Konsequenzen
noch gar nicht halten kann?
Mutig bestimmt. Aber gesund?

Ach Mut. Was mache ich mit dir?
Ich will und kann dich nicht wegschicken. Dafür bist du
einfach zu wertvoll. Zu wichtig.

Hhh …
Ja. Ich lade dich sogar ein: Erfülle mich mehr und mehr.
Und ich? Ich werde auf Kraftsuche gehen.
Mutig will ich mal in mich hineinspüren.
Ich bin sicher, ich finde etwas.

Mut,
ich werde dir ein Fundament bauen.

Selbstzentriertheit.

Du klingst mir nach gelernter Art so negativ …
Wohl gerade deswegen scheint sich mir an deinem
Verständnis etwas zeigen zu wollen.

Du kannst auch bedeuten:
Ich bin in mir selbst zentriert.
Ich bin und wirke aus dem Zentrum meines Selbst.

Aber wenn ich sage: „Jemand ist sehr selbstzentriert",
klingt automatisch die Bedeutung des Egoismus durch.
Mich selbst als Zentrum, als Wichtigstes sehen.
Diesen Hang finde ich auch in mir.
Aber da ist es die Wertigkeit, das Mich-über-andere-
erheben, was ich nicht möchte.

Doch Selbstzentriertheit ist etwas ganz anderes! Da wird
etwas wach in mir, dass eine falsche Verknüpfung lösen
will.
Es darf bedeuten „in meiner Welt bin ich der
Mittelpunkt" ohne, dass diese Aussage egoistisch ist. Ja
sogar wichtig.
Ich erkenne: Alle Sichtweisen, Beobachtungen und
Wertungen gehen von mir aus. Gehen durch meine
Erfahrungen und Prägungen.

Wie kann es auch anders sein als persönliches Wesen?

Und habe ich dies erkannt, meine Selbstzentriertheit, ist
dies dann nicht erst die Basis dafür, frei von meinem
Persönlichen zu erkennen?
Gerade nicht, weil ich mein Persönliches ausblende,
sondern weil ich es einblende.

Wenn ich meine Selbstzentrierung,
und die der anderen
erkenne und annehme,
löse ich Überhebung auf.
Ein neuer Wert wird sichtbar:
Wenn es mehr als eine Sicht auf eine Sache gibt, muss
dies uns nicht gegeneinander aufbringen, weil es nur
eine geben dürfte,
sondern es könnte uns freuen, dass wir mit jeder
dazukommenden Perspektive,
dem Großen in einer Sache näher kommen.

Heute wurde ich ganz ruhig.
Ich suchte meine innerste Basis auf; verankerte mich
dort.
Nahm bewusst mein Denken und Handeln wahr und tat
alles mit Bedacht und Präsenz.
Oh Not,
wegen dir.
Oh Unruhe und Stress,
ich musste in mir den Gegenpol bilden.
Ich hätte euch nie herbeigewünscht. Aber wäre ich dann
so ruhig geworden?
Oh Extrem, du forderst mich in das andere heraus.
Um ein Gleichgewicht herstellen zu können.
Du forderst meine ganze Kraft, mein ganzes
Selbstgespür.
Sonst würdest du mich mitreißen.

Oh Not,
wenn ich dir begegne, kann sich zeigen, wo ich stehe.
Wie viel „Unverdautes" doch noch unter der Oberfläche
wartet.
Ob ich mich wirklich gut verankert habe.
Und manchmal …
ja, da schenkst du mir,
in meiner aus Not noch innigeren Suche nach dem
Weltengrund, der tragen kann,
von diesem Neues, Kostbarstes zu erblicken.
Und in dieses tiefer verwurzelt hervorzugehen.

Traurigkeit,

ich kann dich nicht wegschicken, weiß ich doch, dass ich
dich brauche.
Aber wirklich haben, will ich dich auch nicht.
Fühlen mag ich dich nicht mehr.
Du bist mir nahe, wenn ich dann endlich weine und sich
in mir etwas löst. Danach fühle ich mich leichter und
umhüllter.
Aber jetzt?
Diese latente Traurigkeit.
Wieso?
Wozu?

Vielleicht dränge ich dich zu weit zurück; öffne mich dir
nicht wirklich, sodass du richtig in mir wirken könntest.
So ist es etwas Halbes.
Ich lasse dich zu und doch nicht.
Ich dulde dich, aber wirklich akzeptieren tue ich dich
noch nicht.
Ich schiebe dich nicht völlig weg, aber ich gebe dir
tausend Eingrenzungen und Bedingungen. „Nicht
jetzt.“, „Nicht zu viel.“, „Nicht bei diesem Thema“,
„Mein Handeln darfst du nicht berühren“, „Und die
Menschen um mich herum auch nicht“ …

Manche dieser Eingrenzungen sind vielleicht sinnvoll.
Aber alle?

Vielleicht entstammen sie gar nicht meiner Umsicht und
Größe, sondern meiner Angst und meinem
Unvermögen.

Doch dich mehr zulassen? Dich vielleicht *ganz* zulassen?
Das macht mir Angst. Was, wenn du mittlerweile so groß
in mir geworden bist, dass ich dich nicht tragen kann?
Was, wenn du mein Handeln beeinflusst?

Darf … es das denn?
Darf meine Traurigkeit mein Handeln beeinflussen?
Dürfen Gefühle mein Handeln beeinflussen?
Klar, es wird ständig so sein, aber es klingt so „falsch".
So unreif. Als dürfe ich das eigentlich nicht zulassen.
Dass meine Traurigkeit mein Handeln beeinflusst.
Dass meine Wut mein Handeln beeinflusst!?
Das ist nicht das, was ich gelehrt bekommen habe. Nach
altem Denken klingt es gefährlich.
Ein Handeln aus Wut.
Ein Handeln aus Traurigkeit.

Aber nur mit einem alten Verständnis dieser Gefühle.
Mit einem alten Zugang. Und mit einer gedachten
Trennung von Geistigem und Seelischem.
Wut ist nicht nur Gefühl. Es hat auch eine geistige Seite;
eine geistige Kraft.
Ebenso die anderen Gefühle.

Traurigkeit,
wenn ich lernen will, dich wirklich zuzulassen, dann
wird das ein ganz neuer Weg.
Auch die Verknüpfung zum Geistigen muss ich mit
zulassen.
Da wartet eine Weisheit,
die vielleicht noch ungeahnt ist.

Ich werde nicht blind durch ein Leben und Handeln mit
der Traurigkeit.
Ich werde sehend.

Mein Selbst wird nicht getrübt durch das Zulassen von
Gefühlen;
es wird frei.
Weil etwas, das ich verhärtet an mich gehalten habe,
zugelassen, und dann auch losgelassen werden kann.
Und weil eine neue Kraft ins Fließen gerät,
die lange entgegen meines tiefsten Wesens
blockiert wurde.

Oh Stille
 pures Sein

Warum lebe ich in einer Gesellschaft, wo wir *immer mehr*
tun; wo immer mehr zu hören, zu sehen ist, um noch
mehr zu lernen, zu verstehen.
Mehr, um es schöner zu haben.
Mehr, um sich nicht einsam zu fühlen.
Mehr, um etwas vorzeigen zu können.
Denn nichts wäre ja … nichts.

Aber ich spüre doch, dass da etwas ist
in diesem Nichts!
Sogar genau das, was ich suche.
Was ich auch mit tausend Vorträgen, Büchern,
Workshops, nicht finden würde.

Oh Nichts, welches du kein Nichts bist.

Nehme ich Äußeres weg
und dann noch mehr.
Alles wieder ablegen, was ich mir selbst oder andere mir
aufgeschichtet haben.
Dann
kommt ein tiefes klingendes Schweigen.
Es ist wunderschön.

Schöner als jeder Laut.

Ein neues Atmen setzt in mir ein.
Weite und Nähe vereinen sich.
Die Zeit ist die Gegenwart,
in der Vergangenes und Zukünftiges enthalten sind.
Das Sein,
ein lebendiges, diverses Eins.

Oh Weltengrund
Oh pures Sein

Antipathie,

wie sehr lasse ich mein Denken und Handeln von dir
beeinflussen.
Aber nicht du direkt bist es.
Sondern mein Meiden von dir.
Dafür richte ich mein ganzes Sein und Wirken um: Bloß
keine Antipathie.
Niemand soll mich unsympathisch finden.
Niemanden darf ich unsympathisch finden.
Lieber diese Menschen meiden.
Antipathie,
das kann doch nicht dein Sinn sein,
dass wir ängstlich große Bögen um dich schlagen.

Was wäre denn, wenn ich dich einlade ganz ans Licht zu
kommen?
Wenn ich es zulasse, dass mich andere unsympathisch
finden?
Es zulasse, dass ich andere unsympathisch finde?

Mhm …

Ich darf Antipathie fühlen.
Andere dürfen Antipathie fühlen.
Das ist nichts Schlimmes!

Ja! Natürlich! Das leuchtet mir total ein! Und fühlt sich
viel „ganzer", viel freier an.
Und macht mich neugierig darauf, *warum* ich eigentlich
diese Antipathie spüre.
Wäre es nicht so spannend, mit anderen Menschen
zusammen dies zu beobachten? Sich darüber
auszutauschen!

Aber natürlich in einer achtsamen, liebevollen
Atmosphäre,
die bestehen bleibt und den Raum hält, sodass
Antipathien kommen und gehen dürfen.

Das wäre doch unglaublich! Eine Welt in der wir *all*
unsere Gefühle beobachten dürfen, sie aussprechen und
uns darüber austauschen können. Alles gehalten in der
Liebe.
Was könnten wir nicht alles über uns und die Menschen
um uns herum lernen!

Begierde,

rufe ich dich auf,
hole dich aus deinem latenten, untergründigen Weben
und Schlummern in mein Bewusstsein,
erlaube dir einmal, mich ganz zu durchströmen.
Begierde …
nach allem, was ich mir wünsche.

Welch Kraft! Welch Wogen!
Welch kribbelndes Brodeln bis in jede Faser. Welch
Leben!

Du bist mir nie aufgefallen!
Habe ich dich doch immer klein gehalten.
Immer gedacht, dich nie ganz fühlen zu dürfen.
Welch Irrtum auch immer noch in mir:
„Wenn ich nicht aus dir, oder anderen „schwierigen"
Gefühlen unbesonnen handeln will, darf ich dich nicht
fühlen."
Nein, nein! Das *Fühlen* ist nicht das Problem. Sondern
der Umgang. Ich sollte die *Unbesonnenheit* wandeln!
Ich muss es sogar,
sonst muss ich von mir abspalten
und diese von mir getrennten Bruchstücke werden mich
und meine Mitmenschen an unpassender Stelle
übermannen.

Ach Begierde, wie spannend du als pures Gefühl bist!

Welch Kraft! Ja sogar starke „Qualität"!
Da ist nichts von Müdigkeit mehr in mir.
Nichts von Zurückhaltung.
Der Impuls, alles bereitzustellen, alles zu geben.
So viel Feuer!

Wenn ich lernen würde, dich noch besser zu verstehen,
dich in Liebe zu transformieren,
dich mit meinen wahren, tiefsten Wünschen verbinde,
welch ungeahntes, nie gefühltes Potential in mir!

Liebe ?

Du umfasst uns alle.
Und all die Gefühle in uns.
Durch dich,
mit dir,
kann alles sein,
darf alles sein,
hat alles Schönheit
und Sinn.

Liebe,
so weit, so allumfassend.
So nah, so persönlich.

Oh du mein Lebensziel. Meine Aufgabe.
Du bist der Weg
durch all das, was mir begegnet.
Mit dir will ich alles erkunden.
Zu den tiefsten und dunkelsten Orten kann ich gehen
mit dir,
mit deinem sanften und doch kraftvollen Licht.
Mit Liebe will ich auf mich und alles in mir blicken.
Sodass es hervorkommen darf,
gesehen werden darf;
In deinem liebenden Licht die Heilung erfährt
und sich zu seinem wahren Wesen entfalten kann.